3852

RESPONSE
AV R. P. FERRIER

Iesuite, sur son *Idée du Iansenisme.*

MOn Reuerend Pere,

Quoiqu'on ait déja refuté auec vne entiere évidence voſtre Ecrit de l'*Idée veritable du Iansenisme* dans la seconde Lettre sur l'*Herefie imaginaire*, il ne sera pas inutile de le faire encore icy, en y traitant ce qui a eſté omis. Car on ne peut trop faire voir au public les illusions & les tromperies par lesquelles toute la Societé des Iesuites s'efforce d'engager le Roy, les Euesques, & les Magiſtrats à chaſſer de l'Eglise & de l'Eſtat des personnes tres-Catholiques, tres-soûmiſes à l'Eglise, & tres-fideles à Sa Majeſté.

Vous auez pris occasion de faire cet écrit sur ce que vous dites, que les *Iansenistes* aiant exposé dans quinze propositions ce qu'ils pensent des conteſtations presentes, en ont donné vne fauſſe idée, & qu'il eſt iuſte que vous en donniez vne veritable, & vous auez separé cette feüille volante d'vn plus grand ouurage qui eſt voſtre Relation, afin de la faire crier par les ruës, & de surprendre ainsi le vulgaire & les moins intelligens par des raisonnemens captieux & indignes d'vn Theologien qui auroit quelque honneur & quelque conscience.

Vous vous eſtes bien donné de garde, Mon Pere, de representer cette pretenduë fauſſe Idée que vos aduersaires ont donnée de leurs sentimens, que vous appellez *Iansenisme*, ny de rapporter les quinze propositions dans lesquelles ils l'ont renfermée : parceque ces quinze propositions sont toutes trop conſtantes & trop claires pour eſtre conteſtées. Mais vous vous eſtes contenté de former d'autres propositions à voſtre fantaisie, non pour donner au public vne Idée certaine & diſtincte du pretendu Iansenisme, mais pour taſcher d'embroüiller l'Idée tres-nette & tres-precise qu'ont toutes les personnes d'honneur de l'injuſtice & de la violence des Iesuites dans toute cette conteſtation. Ie ne formeray pas d'autres propositions, mais j'examineray les voſtres, & par la refutation que j'en feray, ie donneray à tout le monde vne Idée veritable de voſtre esprit & de voſtre conduite.

Voſtre Idée consiſte en dix-huit propositions, dont vne seule qui eſt la seconde, sert de fondement & de principe à toutes les autres. Car vous pretendez y montrer qu'il y a maintenant dans l'Eglise vne veritable diſpute sur le droit, parce que, dites-vous, il s'agit de sçauoir si la doctrine de Iansenius sur les cinq Propositions est Catholique ou heretique ; & que c'est là vne veritable question de droit. Et toutes vos autres propositions ne sont établies que sur cette supposition. C'est pourquoy quand i'auray fait voir l'équiuoque & la fausseté de cette seconde proposition, i'auray renuersé en mesme temps toutes les autres. Et en effet si ce n'est pas vne question de droit que de sçauoir si la doctrine ou le sens de Iansenius sur les cinq Propositions, est Catholique ou heretique, le Pape en decidant que la doctrine de Iansenius sur les cinq Propositions est heretique, ou que les cinq Propositions sont heretiques au sens de Iansenius, n'a pas decidé vne question de droit; & ceux qui apres ce iugement du Pape ne laissent pas de croire que la doctrine ou le sens de Iansenius sur les cinq Propositions est Catholique, & qui refusent de la condamner d'heresie, ne soûtiennent aucune heresie, & ne combattent point le iugement du Pape sur le droit. Et si cela est, toutes les conclusions que vous prenez contr'eux, comme s'ils soutenoient vne veritable heresie, & comme s'ils meritoient d'estre traittez en heretiques, sont tres-mal prises, tres-injustes, & tres-violentes. Et ainsi ie les renuerseray toutes, en monstrant que de sçauoir si la doctrine de Iansenius est catholique ou heretique, n'est point vne question de droit, mais seulement vne question de fait.

Vous taschez d'appuier tous vos raisonnemens sur vne comparaison entre l'approbation que l'Eglise a donnée à la doctrine de Saint Augustin sur la matiere de la Grace, & la condamnation que deux Papes ont faite de la doctrine de Iansenius sur les cinq propositions. Il est iuste de vous satisfaire sur tout, & de detabuser ceux qui ont fait quelque estime de cette comparaison en ne la considerant pas assez : Et pour le faire plus distinctement, i'examineray cette comparaison en particulier dans vne seconde réponse. Ie ne diray rien icy de la Relation que vous auez publiée depuis cette Idée. Car on a dessein d'exposer aux yeux de tout le monde dans vn Ecrit qui aura plus d'étenduë, & qui vous couurira de confusion, les faussetez & les impostures dont vous auez remply cet ouvrage.

Vous soûtenez donc, Mon Pere, dans cette Idée au Iansenisme, & c'est le sujet de vostre seconde proposition, & le fondement de toutes les autres; que lors qu'on demande si la doctrine de Iansenius ni les cinq propositions est Catholique ou heretique, c'est vne vraie question de droit. Et l'on vous soûtient que cela est tres-faux, & qu'il est constant que ce n'est qu'vne pure question de fait, comme on l'a deja si bien monstré. Car quand par la doctrine d'vn Auteur sur quelque matiere, ceux qui la soûtiennent & ceux qui la combattent entendent vne mesme chose, & qu'on demande si la doctrine de cet Auteur est Catholique ou heretique, c'est vne vraye question de droit: mais quand ils n'entendent pas vne mesme chose, & qu'on demande si la doctrine de cet Auteur est Catholique ou heretique, ce n'est qu'vne simple question de fait, puisqu'il n'y a iamais de question de droit que quand on propose & qu'on entend vn mesme dogme de part & d'autre, & que l'vn dit qu'il est heretique, & l'autre qu'il est Catholique. Or quand les aduersaires de Iansenius disent que sa doctrine sur la matiere des cinq propositions eſt heretique, & que ſes defenſeurs diſent quelle eſt Catholique, ils n'entendent pas la meſme choſe & les meſmes dogmes. Ce n'eſt donc pas vne queſtion de droit ; mais c'eſt vne ſimple queſtion de fait.

Par exemple le P. Annat dit que la doctrine de Ianſenius eſt heretique, parceque par cette doctrine il entend la Grace neceſſitante : d'autres diſent qu'elle eſt Catholique, parceque par cette doctrine ils entendent la grace efficace par elle meſme qui ne neceſſite point la volonté, & qui n'exclud point auſſi la Grace excitante ou ſuffiſante admiſe par les Thomiſtes. Il n'y a ſans doute entr'eux aucune queſtion ny diſpute de droit ſur cette matiere, puiſqu'ils conuiennent enſemble du dogme dans lequel conſiſte tout le droit. Car ils auoüent tous deux que le dogme de la Grace neceſſitante eſt heretique, & que le dogme de la Grace efficace par elle meſme eſt Catholique. Et ainſi toute la queſtion & toute la diſpute qui eſt entr'eux ſur ce ſuiet, ne conſiſte qu'à ſçauoir ſi Ianſenius a enſeigné ou n'a pas enſeigné le dogme de la Grace neceſſitante, ce qui n'eſt qu'vne queſtion de fait. Il eſt donc indubitable qu'en ce point ils conuiennent enſemble du droit, & qu'ils ne diſputent que du fait, quoique l'vn diſe que la doctrine de Ianſenius eſt heretique, & que les autres diſent qu'elle eſt Catholique : de la meſme maniere que tous les Theologiens reconnoiſſent que lors que les Peres du ſixiéme Concile diſent que la doctrine du Pape Honorius ſur le ſuiet de la volonté de Ieſus-Chriſt, eſt heretique ; & que les Cardinaux Baronius & Bellarmin diſent qu'elle eſt Catholique, il n'y a entr'eux aucune queſtion de droit, mais ſeulement vn queſtion de fait : parceque ces Cardinaux prennent le ſens ou la doctrine du Pape Honorius, qu'ils diſent eſtre Catholique, d'vne autre ſorte que les Peres du ſixiéme Concile qui l'ont condamnée comme heretique.

C'eſt pourquoy, Mon Pere, l'on ne peut mieux faire voir la tromperie de tout voſtre raiſonnement, ny mieux en conuaincre les Ieſuites meſmes, qu'en montrant par vn tout ſemblable que tous leurs Theologiens qui tiennent, comme font les Cardinaux Baronius & Bellarmin, que le Pape Honorius n'a pas eſté heretique, ſont eux meſmes heretiques, & ſoûtiennent vne hereſie formelle auec vne obſtination deſeſperée. Ie ne changeray rien en tout voſtre raiſonnement, ie n'obmettray aucune des propoſitions qui le compoſent, & ie ne feray que ſubſtituer le nom du Pape Honorius, au lieu de celuy de Ianſenius, & le nom de Ieſuites au lieu de celuy de Ianſeniſtes.

Le point capital qui eſt en conteſtation entre les Ieſuites d'vne part & les defenſeurs du ſixiéme Concile, de l'autre conſiſte à ſçauoir ſi la doctrine que le Pape Honorius établit dans ſa lettre à Sergius ſur le ſujet de la volonté de Ieſus-Chriſt eſt Catholique ſuh heretique. C'eſt là vne vraye queſtion de droit, l'Egliſe l'a decidée dans le ſixiéme Concile œcumenique, où le Pape preſidoit par ſes Legats, ayant declaré ſolemnellement apres la lecture & vn examen tres ſoigneux de cette lettre qu'elle eſt heretique.

Dans cette condamnation prononcée contre la doctrine d'Honorius, on ne peut ſeparer le droit & le fait, c'eſt à dire, on ne peut tenir pour heretique la doctrine condamnée par le sixiéme Concile sur le sujet de la volonté de Iesus-Christ, & soûtenir en mesme temps que la doctrine d'Honorius sur ce sujet n'est pas celle que ce Concile a condamnée.

Apres ce iugement du sixiéme Concile confirmé par plusieurs Papes, on ne peut soutenir que la doctrine d'Honorius sur le sujet de la volonté de Iesus-Christ, soit Catholique, sans crime, sans attentat, & sans vne heresie formelle & manifeste.

Les Iesuites soutiennent que cette doctrine est Catholique, ils ne veulent pas reconnoistre apres tant de decisions qu'elle est heretique : ils sont donc coupables de crime, d'attentat, & d'vne heresie formelle & manifeste, & ils la soutiennent auec vne obstination desesperée.

L'on fera, Mon Pere, la mesme réponse à vos propositions, que vous ferés à celles cy; & vous ne sçauriés exempter d'heresie les Iesuites qui refusent de condamner d'heresie la doctrine d'Honorius, qu'en reconnoissant que vos propositions sont fausses, pleines d'équiuoques, de tromperies, & d'absurdités, & qu'en y apportant les mesmes réponses & les mesmes distinctions que i'y viens d'apporter, & en exemptant ainsi de tout soupçon d'heresie ceux qui refusent de condamner d'heresie la doctrine de Iansenius sur le sujet des cinq propositions.

Mais pour rendre la tromperie de vos raisonnemens plus sensible & plus méprisable, & empescher que personne n'y puisse estre surpris, il n'y a qu'à representer qu'encore que vous en concluiés positiuement qu'on doit chasser des personnes de l'Eglise & de l'Estat, toutefois ils se reduisent tous à vn argument sophistique composé de quatre termes, c'est à dire qu'vn mesme terme, ou vn mesme mot y est pris diuersement, & y signifie deux choses differentes : Et par consequent on n'en sçauroit rien conclure. L'on concluroit aussi par vn tout semblable que les Iesuites sont heretiques sur d'autres suiets, & qu'ainsi ils meritent d'estre chassez de l'Eglise & de l'Estat.

Il faut, Mon Pere, s'arrester à cette discussion d'Escole, quoique peu agreable au monde, & découurir auec éuidence, & par les regles mesmes de la Logique, le defaut de vos raisonnemens, afin que personne ne puisse ignorer que vous n'écriués que pour surprendre & tromper le public, & que l'on voie iusqu'où va vostre hardiesse, d'oser soûtenir par vn escrit qui a esté crié dans les ruës & debité parmi le peuple, que des personnes doiuent estre actuellement retranchées de l'Eglise, & punies par les loix ; & d'exciter les puissances de l'Estat à les traiter en heretiques par vne declaration solemnelle, & de ne fonder vne si violente poposition que sur vn argument Sophistique, duquel vn petit Logicien vous feroit rougir de honte, si vous l'auiés proposé dans l'Escole. Voicy cet argument.

Les Iansenistes soûtiennent la doctrine de Iansenius sur le sujet des cinq propositions comme Catholique. I'accorde la majeure.

Or l'Eglise a jugé que la doctrine de Iansenius sur le sujet des cinq propositions est heretique. I'accorde la mineure.

Donc les Iansenistes soûtiennent comme Catholique vne doctrine que l'E-

glife à jugée heretique. Ie nie la conſequence : parce que l'argument n'eſt pas en forme, eſtant compoſé de quatre termes, c'eſt à dire y ayant vn terme ou vn mot qui y eſt diuerſement pris, & qui y ſignifie deux choſes differentes. Car ce terme *la doctrine de Ianſenius ſur le ſujet des cinq propoſitions* ſignifie autre choſe dans la mineure que dans la majeure. Dans la maieure *doctrine de Ianſenius*, ſignifie la doctrine que les defenſeurs de Ianſenius croient eſtre dans Ianſenius, ſçauoir la doctrine de la Grace efficace par elle meſme ; & dans la mineure, *doctrine de Ianſenius* ſignifie vne doctrine toute differente de celle-là, ſçauoir la doctrine des propoſitions que le Pape a priſe pour la doctrine de Ianſenius, & qu'il a pour ce ſuiet appellée *doctrine de Ianſenius*, ou *ſens de Ianſenius*. Et ainſi il eſt vray que le Pape a condamné la doctrine de Ianſenius ; il eſt vray que ces Theologiens ſoûtiennent la doctrine de Ianſenius ; & il eſt faux qu'ils ſoûtiennent la doctrine que le Pape a condamnée. Comme il eſt vray que le ſixiéme Concile a condamné d'hereſie la doctrine d'Honorius ; il eſt vray que les Ieſuites ſoûtiennent la doctrine d'Honorius comme Catholique, & il eſt faux qu'ils ſoûtiennent comme Catholique la doctrine que le ſixiéme Concile a condamnée d'hereſie. Il faut qu'eux meſmes répondent ainſi à cet argument tout ſemblable que l'on fait contr'eux.

Les Ieſuites ſoûtiennent comme Catholique la doctrine d'Honorius, ſur le ſuiet de la volonté de Ieſus-Chriſt.

Or l'Egliſe à iugé dans vn Concile œcumenique que la doctrine d'Honorius ſur le ſuict de la volonté de Ieſus-Chriſt, eſt heretique.

Donc les Ieſuites ſoûtiennent comme Catholique vne doctrine que l'Egliſe a iugée heretique dans vn Concile œcumenique. Donc ils ſont heretiques, & meritent ainſi d'eſtre chaſſez de l'Egliſe & de l'Eſtat.

Toutes vos autres propoſitions n'eſtant fondées que ſur cette équiuoque de doctrine Catholique ou heretique de Ianſenius, & ſuppoſant comme vne choſe conſtante & bien prouuée, qu'il y a vne conteſtation qui regarde le droit, laquelle conſiſte à ſçauoir ſi la doctrine de Ianſenius ſur les cinq propoſitions eſt Catholique ou heretique, & qu'ainſi ceux qui refuſent de condamner d'hereſie la doctrine de Ianſenius ſur les cinq propoſitions, apres que le Pape l'a condamnée comme heretique, ſoûtiennent vne veritable hereſie ; il n'eſt point neceſſaire de s'arreſter à ces autres propoſitions en particulier, puis qu'il ſuffit d'auoir montré que dans toute cette conteſtation qui regarde le ſens ou la doctrine de Ianſenius ſur les cinq propoſitions, il n'y a qu'vne queſtion de fait, & qu'il n'y en a aucune de droict. C'eſt pourquoy, Mon Pere, toutes les concluſions que vous en tirés contre ceux qui refuſent de condamner d'hereſie la doctrine de Ianſenius ſur les cinq propoſitions, ou les cinq propoſitions au ſens de Ienſenius, comme s'ils ſoûtenoient vne veritable hereſie, tombent d'elles meſmes, & ne ſont plus que des calomnies.

Apres auoir ſi mal prouué que ceux qui refuſent de condamner les propoſitions au ſens de Ianſenius ſoûtiennent vne veritable hereſie, vous iuſtifiez fort mal de la nouuelle hereſie ſoûtenuë par vos Peres du College de Clermont, ceux qui exigent cette condamnation du fens de Ianfenius fous peine d'herefie. Vous n'oferiez defendre ouuertement cette Thefe fi impie, qui erige le fait de Ianfenius en article de Foy ; Vous ne voulez pas auffi la condamner, felon les maximes de voftre Societé, où l'on ne reiette iamais ce qui y a efté vne fois approuué : Mais vous tafchez de l'excufer d'vne maniere qui établiroit des erreurs non moins pernicieufes à l'Eglife. Car pour ne l'abandonner point, vous introduifez des reuelations nouuelles que Dieu fait immediatement au Pape ou aux Euefques, ce qui, comme enfeigne M. du Val, approche fort de l'herefie des Caluiniftes qui fe vantent d'eftre inftruits de Dieu par l'efprit particulier ; & ainfi vous fauorifez vne des plus deteftables maximes de leur creance, puifque c'eft cel-le qui ouure la porte à toute forte d'erreurs, & qui eft la fource de tou-tes les fectes differentes qui s'éleuent contre l'Eglife. Vous renuerfez en-core le fondement de la Foy Catholique, en donnant au Pape le pouuoir de propofer à l'Eglife comme article de la Foy Catholique, ce qui n'eft contenu ny dans l'Ecriture Sainte, ny dans la Tradition.

Mais quoy qu'il en foit de cette Thefe, c'eft, dites-vous, vne extrauagance de publier qu'on condamne les Ianfeniftes comme heretiques, parce qu'ils re-fufent de croire de foy diuine, que les cinq Propofitions font dans Ianfenius, n'y ayant perfonne dans l'Eglife qui exige d'eux cette creance.

Les Iefuites qui ont entrepris la defenfe de cette Thefe du College de Cler-mont font donc bien extrauagans, puifqu'ils ont dit fi nettement dans l'expli-cation qu'ils en ont donnée, que l'Affemblée du Clergé felon les termes de fa deliberation, exigeoit la creance diuine du fait de Ianfenius. *Ergo diui-nus erit affenfus circa decifionem facti.* Voions, Mon Pere, fi ceux qui de-teftant cette herefie, & la croiant mefme trés-éloignée de l'intention des Euefques approbateurs du formulaire, fe font plaints qu'on exigeoit en effet la Foy diuine du fait de Ianfenius, font des extrauagans, Les preuues qu'ils en ont alleguées font tres conuaincantes ; il y faudroit répondre, & il ne fuffit pas de dire que c'eft vne extrauagance de publier qu'on exige la Foy diuine de ce fait. C'eft, Mon Pere, vne plainte tres-jufte & tres-bien fondée, parceque l'obligation de figner le formulaire, ou de condam-ner les propofitions au fens de Ianfenius fous peine d'herefie, & l'obligation de croire de Foy diuine que les propofitions font dans Ianfenius, font infepa-rables. Et ainfi ou il faut qu'on defifte d'exiger la condamnation des propofi-tions au fens de Ianfenius fous peine d'herefie, ou il faut qu'on auoüe qu'il y a des perfonnes dans l'Eglife qui exigent la creance diuine du fait de Ianfenius, comme il eft tres-facile de vous en conuaincre encore par cet argument.

On ne peut condamner les propofitions au fens de Ianfenius, qu'on ne croie, foit de Foy diuine, foit de Foy humaine, que les propofitions font dans Ianfenius. Donc on ne peut obliger fous peine d'herefie à condam-ner les propofitions au fens de Ianfenius, qu'on n'oblige fous peine d'he-refie à croire, foit de Foy diuine, foit de Foy humaine, que les propofitions font dans Ianfenius. Or on oblige fous peine d'herefie à condamner les propofitious au fens de Ianfenius. Donc on oblige fous peine d'herefie à croire foit de Foy diuine, foit de Foy humaine, que les propofitions font dans Ianfenius. On n'oblige pas fous peine d'herefie à le croire de Foy humaine, puifque ce qui n'eft que de Foy humaine ne peut eftre matiere d'herefie, comme tous en conuiennent : On oblige donc fous peine d'herefie à le croire de Foy diuine. Et par confequent il n'y a aucune extrauagance à publier que les auteurs & les defenfeurs du Formulaire exigent la Foy diuine du fait de Ianfeuius, puifqu'ils veulent obliger fous peine d'herefie à condamner les propofitions au fens de Ianfenius, comme l'Affemblée du 1. d'Octobre a declaré qu'on le deuoit faire, & comme vous le dites vous mefme, vos écrits n'eftans que pour montrer qu'on doit tenir pour heretiques ceux qui refufent de condamner les propofitions au fens de Ianfenius. Mais il y a certainement de l'extrauagance à foûtenir, comme vous faites, que les Thelogiens ne font point obligez à croire ce fait de Foy diuine, & que toutefois ils font obligez fous peine d'herefie à condamner les propofitions au fens de Ianfenius, puifque c'eft dire qu'ils font obligez à croire ce fait de Foy diuine, & qu'ils n'y font pas obligez ; qu'ils font obligez fous peine d'herefie à condamner les propofitions au fens de Ianfenius, & qu'ils n'y font pas obligez fous peine d'herefie. Vos Peres du College de Clermont ont tres-bien veu que ces deux chofes ne pouuoient eftre feparées, & qu'il falloit auancer que le fait de Ianfenius pouuoit & deuoit eftre cru de Foy diuine, ou auoüer qu'on ne pouuoit obliger fous peine d'herefie à figner le Formulaire, ny à condamner les propofitions au fens de Ianfenius. Ils n'ont pas voulu reconnoiftre l'vn, il a donc fallu établir l'autre ; & ainfi leur *obftination defefperée* à foûtenir vne fauffe & injufte accufation d'herefie contre leurs aduerfaires, les a fait tomber dans cette impieté vifible qui détruit le fondement de la Foy.

Mais parce que rien n'eft fi capable de faire voir, non feulement au public, mais auffi à vous mefme, l'abfurdité de tous vos raifonnemés, que l'application qu'on en fait au Pape Honorius ; je rapporteray encore vos mefmes paroles fur ce fujet, & ne feray que mettre le nom d'Honorius à la place de celuy de Ianfenius, & le nom de Iefuites à la place de celuy de Ianfeniftes.

Selon la Thefe du College de Clermont, apres que le fixiéme Concile & les Papes qui l'ont confirmé, ont defini que l'herifie de Monothelites fe trouue dans la lettre du Pape Honorius, *on peut croire de Foy diuine qu'elle y eft, & pretendre que ce fait eft fuffifamment appuié fur la reuelation diuine, pour eftre cru de Foy diuine, mais apres tout,* fi les Iefuites qui defendent Honorius *eftiment que cette pretention eft mal fondée ; c'eft à eux a la combatre* contre leurs Confreres du College de Clermont. *Mais ils me permettront de les auertir, qu'apres qu'ils auront beaucoup trauaillé fur ce fujet, leur caufe n'en fera pas meilleure : parce qu'on ne les tient point pour heretiques pour ne pas croire de Foy diuine,* que la doctrine des Monothelites eft dans la lettre du Pape Honorius : *mais parce qu'ils s'obftinent à foûtenir* que les fentimens du Pape Honorius fur le fujet de la volonté de Iefus-

Chrift *font Catholiques & fans erreur, quoique toute l'Eglife les ait condam-nez d'impieté & d'herefie* dans vn Concile œcumenique. Et ainfi , Mon Pere, felon voftre raifonnement , fi abfurde & fi impie que foit la Thefe du College de Clermont, les Iefuites qui defendent la doctrine d'Hono-rius comme exempte d'herefie, ne peuuent s'empefcher d'eftre heretiques.

Enfin , Mon Pere, la derniere, & la plus effectiue & importante conclufion que vous tirez de ces raifonnemens friuoles & de ces argumens fophifti-ques , comme fi c'eftoit des demonftrations certaines & inuinciles, eft que le Roy doit donner vne Declaration & la faire regiftrer , pour punir comme des heretiques manifeftes ceux qui refufent de condamner les pro-pofitions au fens de Ianfenius fans explication, & vous ptetendez faire voir par l'exemple de ce qui s'eft fait fous François I. & Charles IX. pour re-primer les fectateurs de l'herefie de Luther & de Caluin , que cette De-claration ne feroit pas vne chofe nouuelle, & qu'on ne fait rien aujour-d'huy pour empefcher le progrez de l'herefie pretenduë du Ianfenifme, qui n'ait efté pratiqué il y a cent ans , pour garantir la France de l'herefie des Lutheriens. C'eft ce qui me refte à examiner icy ; & l'on verra qu'en effet il ne fe fait rien aujourd'huy fur le Ianfenifme, qui n'ait efté prati-qué il y a cent ans fur le Lutheranifme; mais que ç'a efté pour l'établir, & non pas pour le détruire ; que ç'a efté dans l'Eglife Lutherienne, & non pas dans la Catholique & la Romaine que cela s'eft pratiqué.

Perfonne ne reuoque en doute que le Roy n'ait le pouuoir de reprimer par l'autorité des Loix ceux qui font conuaincus de foutenir des herefies, & qui y perfiftent opiniaftrement. Auffi-toft donc que vous aurez prouué par de bonnes raifons qu'il y a vne nouuelle herefie en France & de nou-ueaux heretiques , il ne faudra point alleguer d'exemples ny d'autoritez pour iuftifier la conduite de ceux qui demanderont au Roy vne Declara-tion fur ce fujet, quoique ce fuft vne chofe toute nouuelle que d'ordonner des fignatures generales dans le Royaume. Mais fans cela tous les exemples & toutes les authoritez qu'on peut alleguer ne feruent de rien. Il fuffroit donc pour y repondre, de dire, que non feulement perfonne n'a encore efté conuain-cu dans aucun Tribunal de l'Eglife, de tenir aucun dogme heretique; mais qu'ó n'a pas mefme encore dit & marqué en particulier quel eft ce dogme hereti-que qu'on accufe des Theologiens de foûtenir. Mais il faut que tout le monde voie par la comparaifon de ce qui fe fit en France à la naiffance de l'herefie de Luther & de Caluin, & de ce qui fe fait aujourd'huy au fujet du Formulaire, qu'il n'y a pas la moindre reffemblance entre ces chofes, & que vous ne pouuiez rien alleguer qui vous fuft fi contraire dans toutes fes circonftances , & qui fift mieux connoiftre la nouueauté, l'injuftice, & la violence de tout voftre procedé.

La premiere difference eft qu'alors on ne propofoit aucun point de fait à confeffer pour eftre Catholique, mais les feuls dogmes reconnus & au-torifez de tout temps dans l'Eglife , comme font la prefence reelle du Corps de Iefus-Chrift dans l'Euchariftie, la tranfubftantiation, le Sacrifice

de la Meſſe, l'inuocation des Saints, la Priere pour les morts, & d'autres
points ſemblables dont n'a jamais douté dans l'Egliſe Catholique. Et quoiqu'il fuſt entierement conſtant & indubitable que Luther & Caluin auoient
combattu ces dogmes, ils ne furent pas ſeulement nommez dans les articles qui furent ſouſcrits. Au contraire n'y aiant aujourd'huy perſonne
qui ne rejette expreſſément toutes les erreurs condamnées & propoſées à
rejetter, on veut que le Roy faſſe vne Declaration pour vn ſimple fait,
ſçauoir pour obliger ſes ſujets à croire, meſme ſous peine d'hereſie, que ces
erreurs ſont contenuës dans le liure d'vn Eueſque qui a vécu & qui eſt
mort dans l'obeïſſance & dans la Communion de l'Egliſe.

La ſeconde difference eſt, qu'alors on ne propoſoit à confeſſer que des dogmes particulierement exprimés, certains, & determinez. Et icy l'on veut que
le Roy faſſe vne Declaration pour obliger ſes Sujets à rejetter comme heretique le ſens d'vn auteur, ſans qu'on ſçache en quoy il conſiſte, & quels ſont les
dogmes heretiques que l'on doit rejetter par ce ſens, c'eſt à dire, vne Declaration qui oblige tous les Theologiens de France de rejetter ce qu'ils n'entendent point, & tout ce qu'il plaira aux Ieſuites d'entendre & de propoſer, comme eſtant le ſens & la doctrine de Ianſenius.

La troiſiéme difference eſt, que le Roy François I. ne donna ſa Declaration
qu'apres que les Lutheriens & les Caluiniſtes eurent fait vn ſchiſme dans l'E-
gliſe, en ſe ſeparant publiquement de ſa Communion. Il n'y a icy ny ſchiſme ny
ombre de ſchiſme, perſonne n'eſtant ſi vny au Saint Siege & à l'Egliſe Catholique que ceux que les Ieſuites perſecutent auec tant d'animoſité depuis dix
ans. Ce ſeroit auſſi vne folie de croire qu'il y euſt comme en ce temps-là aucune rebellion contre le Roy, ny aucune reuolte à craindre dans l'Eſtat de
la part des Theologiens qui refuſent de croire le fait de Ianſenius, ou qui refuſent de condamner les propoſitions au ſens de Ianſenius ſans explication.

La quatriéme difference eſt, que quand le Roy François I. donna ſa Declaration, pluſieurs perſonnes en France eſtoient conuaincuës de tenir des here-
ſies, ou par leur ſeparation publique de la Communion de l'Egliſe, ou par les
jugemens Canoniques rendus contr'eux. Or perſonne n'a encore eſté con-
uaincu d'hereſie ſur le Ianſeniſme pretendu par aucun iugement Eccleſiaſtique,
ny autrement. & depuis dix ans que le Formulaire eſt fait, nul Eueſque n'a
entrepris de faire le procez à qui que ce ſoit ſur ce ſujet. Cependant c'eſt vne
choſe inoüie que le Roy ny aucun Souuerain faſſe vne Declaration, pour reprimer dans ſon Eſtat par l'autorité ſeculiere, les perſonnes comme heretiques,
ſans qu'aucun ait eſté declaré heretique dans aucun Tribunal de l'Egliſe. Les Ieſuites voient bien que c'eſt vne choſe impoſſible que de conuaincre perſonne
nommément d'hereſie par vne procedure Canonique; & ils l'ont aſſez éprou-
ué depuis peu de temps dans la cauſe d'vn Curé celebre à qui l'on n'a pû faire
reuoquer les actes publics qu'il auoit faits pour témoigner que ſon intention
n'eſtoit pas de s'engager par aucune ſignature à la creance du fait de Ianſenius,
mais ſeulement à la condamnation de l'erreur des cinq propoſitions : & c'eſt
ce qui leur fait pourſuiure cette Declaration auec tant d'inſtance. Car ils s'ima-

ginêt que si cette Declaration estoit registrée, ils osteroient tout lieu de defense à ceux qui refuseroient de signer le formulaire sans distinction & explication, & que quoiqu'ils pussent dire ou alleguer, il ne s'agiroit plus de sçauoir s'ils sont heretiques ou non, mais de les traiter comme heretiques & de les punir comme tels, la Declaration du Roy estant comme vne Loy receuë & vn iugement rendu qu'ils sont heretiques, lequel il ne faudroit plus qu'executer.

Enfin outre ces quatre differences essentielles qui font voir éuidemment qu'il n'y a icy aucun sujet de Declaration, ny rien de semblable à ce qui porta François I. d'en faire vne, ce Prince mesme n'ordonna point par son Edit qu'on signeroit les articles proposez, mais qu'on ne soutiendroit rien qui y fust contraire, & la signature se fit seulement par l'ordre des Corps qui le iugerent à propos. La Faculté de Theologie de Paris l'ordonna, le Parlement de Paris l'ordonna aussi, & quelques autres Compagnies firent le mesme; & il y auoit mesme déja vingt-ans que cet Edit auoit esté registré au Parlement quand la signature fut ordonnée: car il est de l'an 1543. & l'Arrest du Parlement pour la signature est de l'an 1562. sous le regne de Charles IX. & non pas sous celuy de François 2. comme vous auez dit. Mais l'on n'ordonna point de signature generale dans le Royaume, on ne s'auisa point d'en demander aux Religieuses, & nul Euesque ne fit signer dans son Diocese. On ne signa point non plus la Bulle de Leon X. contre Luther, & on ne composa point de Formulaire de ce qui y estoit contenu; comme en effet on n'a jamais signé en France aucune Constitution, ny aucun Decret des Papes: mais le Roy jugea plus à propos que la Sorbonne dressast des articles incontestables pour en former sa Declaration, sans toutefois ordonner aucune signature.

Que si, mon Pere, vous ne sçauriez montrer qu'il se soit fait alors de signature generale dans aucun Diocese de France, l'on vous montrera aisément qu'il ne s'en fit point dans aucune autre partie de l'Eglise, par l'ordonnance d'aucun Euesque, quoique cette heresie se repandist en tant de Prouinces: & l'on vous conuaincra par le témoignage mesme du Cardinal Bellarmin, que c'estoit vne chose si nouuelle & si inoüie dans l'Eglise, que de faire signer indifferemment tous les Ecclesiastiques aux decisions de Foy, qu'en parlant des souscriptions que les Lutheriens d'Alemagne firent faire apres la Confession d'Ausbourg à tous les Ministres, Predicateurs, Principaux des Colleges, Regens & Maistres d'école, il dit qu'il ne s'estoit iamais rien fait de semblable dans l'Eglise depuis les Apostres jusqu'a ce temps-là, & que ces signatures generales estoient plutost vne marque de contrainte que de consentemêt. Ses paroles sont remarquables, & l'on y verra que cette souscription de Lutheriens est le seul exemple que l'on puisse alleguer des signatures que l'Assemblée du Clergé de *1661. a ordonnées pour estre faites par tous les Ecclesiastiques de chaque Diocese, & par les Principaux des Colleges, Regens & Maistres d'École qui instruisent la jeunesse; ainsi qu'il est expressément porté par le septiéme article de sa Deliberation sur la signature de la formule de Foy.* L'on decouure donc, dit ce Cardinal, *vne grande vanité dans cette souscription: Car pourquoy falloit-il que tous les Ministres, tous les Predicateurs, & tous les Principaux des Colle-*

ges ; *Regens ; & Maistres d'école qui instruisent la jeunesse , signassent ?*
Certainement on ne peut trouuer dans toute l'antiquité vn seul exemple
de ces sortes de souscriptions sur vne matiere de Foy, puisque depuis le temps
des Apostres & pendant quinze cens ans il n'y a eu que les Prelats qui ont quelque
jurisdiction dans l'Eglise, qui ayent souscrit ordinairement aux Conciles, soit gene-
raux, soit nationnaux, ou prouinciaux: Quelquefois aussi l'on y trouue les noms des
Empereurs ou des Rois & des Princes; mais l'on n'y a jamais veu la signature des
PRINCIPAVX DES COLLEGES , ET DES RE- Insignis
GENS, ET MAISTRES D'ESCOLES. Deplus cette soub- gitur vac-
cription que l'on a faite au liure de la Concorde des Lutheriens , est vn témoignage tas in sub-
d'vne grande discorde. Car quelle vnion pouuons-nous croire qu'il y ait parmy les scriptione
Lutheriens, puisqu'il a fallu, non seulement obliger les Princes à cette vnion, perspicitur.
mais aussi y contraindre les personnes priuées par des signatures ? Quorsum e-
nim attine-
bat, vt omnes Ministri Concionatores, *LVDIMAGISTRI HYPODIDASCALI*
subscriberent? certè non potest exemplum vllum eiusmodi subscriptionum in negotio fidei
ab antiquitate peti , siquidem ab Apostolicis temporibus per annos mille quingentos in
omnibus Conciliis tam generalibus , quam nationalibus aut Prouincialibus soli prelati qui
iurisdictionem aliquam habent, subscribere consueuerunt. Sunt etiam interdum addita
nomina Imperatorum , aut Regum, aut Principum aliquorum, sed LudiMagistorum , &
hypodidascalorum nulla vsquam inuenitur mentio. Deinde ista subscriptio ad librum concordiæ, ingentis discordiæ signum est. Qualem enim vnionem inter Lutheranos esse existi-
mabimus , quando non solum principes ad concordiam redigi , sed etiam priuati homi-
nes ad subscriptionem cogi debuerunt? *Bellarmin à la fin du* 4. *Tome de ses Controuerses*
dans vn traité intitulé , Iudicium de libro Concordiæ Lutheranorum, *au commencement ,* de
vanitate concordiæ.

Il est donc constant, mon Pere , que non seulement il n'y a pas la moindre
circonstance semblable entre la Declaration de François I. & celle que l'on
demande au Roy, ny quant à la matiere, ny quant à la forme ; mais aussi que
l'on n'a fait ny en France, ny ailleurs, pour empescher le progrés de l'heresie
des Lutheriens, ce que l'on fait aujourd'huy pour empescher celui de l'heresie
pretenduë du Iansenisme ; & que la signature generale que l'on s'efforce d'au-
thoriser dâs l'Eglise de France du sacré nom de sa Majesté; n'a jamais esté pra-
tiquée, au rapport du Cardinal Bellarmin, que par les Lutheriens d'Allemagne,
pour établir les nouueautez de Luther contre la doctrine ancienne de l'Eglise.

C'est pourquoy, mon Pere, quelques efforts que puisse faire vostre Societé,
ce qu'elle demande est si déraisonnable, & si generalement improuué, qu'il n'y a
point d'apparence qu'elle l'obtienne , & l'on doit esperer que lors que le Roy
qui pese toutes choses auec tant de sagesse & de justice, aura bien consideré
vne affaire si importante, & qui a de si grandes suites , puisqu'il y va de chasser des personnes de l'Eglise & de l'Estat, il connoistra qu'outre les raisons de
ne pas faire cette declaration, qui regardent ses propres interests & les droits
de sa Couronne , il n'y a aucun fondement legitime de la faire ; qu'il n'y

a aucuns principes solides certains & receus pour l'appuyer ; & qu'il n'y en a aucun exemple dans les Regnes de ses Predecesseurs, ny mesme dans tous les autres Estats, & dans tous les siecles passez où les Princes temporels n'ont jamais employé l'autorité des Loix pour reprimer des personnes côme heretiques, que quand quelques vns ont esté nommément conuaincus de tenir quelque dogme heretique, bien marqué & bien specifié, & où mesme les signatures generales n'ont iamais esté vsitées pour empescher le progrés d'aucune heresie. Enfin sa Majesté verra sans doute que personne ne pouuant estre legitimemeut traitté d heretique, & puny comme tel, ny par les Euesques, ny par les Magistrats, qu'on ne marque quelque dogme particulier, certain & determiné, condamné d'heresie, qu'il soûtienne auec opiniastreté, il seroit impossible d'executer cette Declaration contre qui que ce soit, selon l'ordre de la Iustice & des Canons, iusqu'à ce que les dogmes heretiques entendus & condamnez par le sens de Iansenius eussent esté marquez, determinez, & expliquez par l'autorité de l'Eglise : & que quelques-vns eussent esté canoniquement conuaincus de les soutenir : & qu'ainsi cela n'ayant pas encore esté fait, & l'intention de sa Maiesté n'estant pas que rien s'executast en cela sous son nom contre l'ordre de la Iustice & des Canons, il seroit entierement inutile de la donner, & de la registrer & publier.

Ce 24. Mars 1664.